GOUVERNEMENT GÉNÉRAL DE L'ALGÉRIE

DÉLÉGATIONS FINANCIÈRES

RÉGIME DES CHEMINS DE FER

D'INTÉRÊT GÉNÉRAL

ALGER [1905]

VICTOR HEINTZ, IMPRIMEUR DU GOUVERNEMENT GÉNÉRAL
Rue d'Isly, 37 et Place Bugeaud

GOUVERNEMENT GÉNÉRAL DE L'ALGÉRIE

DÉLÉGATIONS FINANCIÈRES

RÉGIME DES CHEMINS DE FER

D'INTÉRÊT GÉNÉRAL

ALGER

VICTOR HEINTZ, IMPRIMEUR DU GOUVERNEMENT GÉNÉRAL

Rue d'Isly, 37 et Place Bugeaud

RÉGIME DES CHEMINS DE FER
D'INTÉRÊT GÉNÉRAL

Depuis la dernière session des délégations financières et du conseil supérieur, le Sénat a adopté, sans modification, et le Président de la République a promulgué, le 23 juillet 1904, le texte de la loi relative aux chemins de fer d'intérêt général de l'Algérie que la Chambre des Députés avait voté dans ses séances des 18, 19, 22 et 23 février 1904.

Aussitôt après la promulgation de cette loi, l'administration a entrepris l'étude des modifications qu'il serait nécessaire de réaliser dans l'exploitation des lignes d'intérêt général pour assurer l'entière coopération du chemin de fer à l'œuvre de la colonisation et du développement économique de l'Algérie. La présente note a pour objet de mettre les membres des délégations financières et du conseil supérieur au courant des études qui ont été faites jusqu'à ce jour et de leur indiquer le programme des réformes dont le gouvernement général a l'intention de poursuivre l'application progressive. Mais, avant de faire cet exposé, il ne paraît pas inutile de bien préciser le but et les conséquences budgétaires immédiates de la nouvelle loi.

NÉCESSITÉ ET OBJET DE LA LOI DU 23 JUILLET 1904

La loi du 23 juillet 1904 ne constitue pas, comme on semble trop généralement le penser, la réforme des chemins de fer algériens. Elle n'en est qu'un préambule d'ordre administratif et budgétaire, qu'un préliminaire par lequel il était indispensable de passer pour préparer utilement les modifications qu'exige, au point de vue économique, le régime des voies ferrées de la colonie.

Les vices essentiels de l'organisation actuelle de ces voies ferrées ont été si souvent signalés qu'il est presque superflu de les rappeler. Le ministre des travaux publics, M. Pierre Baudin, les résumait lui-même comme il suit, dans une lettre du 19 octobre 1901 (1) :

« Les lignes des diverses compagnies s'enchevêtrent
« les unes dans les autres, se recoupent entre elles et
« se nuisent mutuellement pour le développement de
« leur trafic. Les points d'aboutissement des divers
« réseaux ont été souvent choisis de la manière la
« plus fâcheuse ; il se rencontre que des villes, qui
« devraient servir de débouché naturel à un réseau,
« sont desservies par une ligne appartenant à un au-
« tre ou que deux réseaux y arrivent en se contrariant
« tous deux.

« C'est pour des raisons de cette nature que l'on
« n'a jamais pu assurer jusqu'ici l'exploitation ration-
« nelle de ports aussi importants que ceux d'Alger,
« d'Oran ou de Philippeville, malgré les sacrifices con-
« sidérables qui ont été consentis.

« D'autre part, l'entente n'a jamais pu se faire entre
« les divers réseaux, au sujet des tarifs, dont les diffé-
« rences ont toujours été profondes d'une ligne à une
« autre. On assiste encore tous les jours au spectacle
« d'une marchandise taxée à un prix très bas sur un
« réseau déterminé et ne pouvant circuler sur le ré-
« seau voisin qu'en payant un prix élevé. De pareils
« écarts déconcertent les expéditeurs et enlèvent toute
« activité aux transports.

« Il est vrai que certaines compagnies, exploitant
« sous un régime financier mal conçu, n'ont aucun in-
« térêt à développer leur trafic et auraient plutôt avan-
« tage à ne le voir jamais dépasser une certaine limite.
« La plupart d'entre elles d'ailleurs, sans aller jusqu'à
« ce point d'inertie, ne sont nullement incitées à exécu-
« ter les travaux complémentaires qu'exige la bonne
« administration d'une voie ferrée et n'effectuent que
« les ouvrages indispensables, sans se soucier des né-
« cessités que devrait leur imposer le progrès continu
« de la colonie. »

Pénétré de l'urgence qu'il y avait à modifier un ré-

____

(1) Délégations financières, session extraordinaire de novembre 1901, notes, page 199.

gime si peu en rapport avec les besoins d'un pays en état de formation, comme l'Algérie, le département des travaux publics avait entrepris, dès l'année 1899, de le transformer. D'une part, il avait invité les compagnies à étudier l'extension à leurs réseaux de la classification des marchandises, de la numérotation des tarifs et des conditions générales d'application des tarifs que la compagnie Paris-Lyon-Méditerranée venait alors de mettre en vigueur sur les lignes d'Alger à Oran et de Philippeville à Constantine. D'autre part, désirant arriver rapidement à un résultat encore plus efficace, il avait amené la compagnie Paris-Lyon-Méditerranée à présenter un projet de rachat amiable de sa concession et un projet d'affermage pour les lignes situées à l'ouest d'Alger (1). Cette combinaison n'avait pas encore abouti lorsque l'institution du budget spécial vint modifier les situations respectives de la métropole et de la colonie dans la question des chemins de fer algériens.

Toute amélioration apportée dans l'exploitation d'une voie ferrée entraîne des dépenses qui occasionnent un relèvement de la garantie d'intérêt et qui sont compensées, dans un délai plus ou moins long, par un accroissement des recettes du chemin de fer et par une augmentation de la richesse publique, qui se traduit elle-même par une plus value dans le rendement des impôts.

Tant que les finances algériennes étaient fondues dans le budget métropolitain, l'Etat était incité par ce double profit à améliorer l'exploitation des lignes de la colonie. Mais, après la création du budget spécial algérien, l'Etat, qui gardait la charge des garanties d'intérêts jusqu'au 1er janvier 1926, n'était plus appelé à bénéficier que de l'accroissement du produit net. Aussi, sans se refuser systématiquement à toute amélioration, le ministère des travaux publics fut-il conduit à indiquer qu'il ne lui serait pas possible de prendre en compte les travaux complémentaires et certains abaissements de tarifs.

Ainsi, envisageant le cas de l'exploitation en régie

____

(1) Voir le texte de ce projet, délégations financières, session extraordinaire de novembre 1901, notes, pages 207 à 220.

qui fait peser directement sur le budget tous les travaux de premier établissement, M. Pierre Baudin disait, dans sa lettre déjà citée du 19 octobre 1901 : « les « sacrifices que la métropole s'est déjà imposés pour « sa colonie ne lui permettraient pas d'inscrire annuel-« lement à son propre budget les crédits nécessaires « pour l'exécution des travaux complémentaires que « réclamera certainement le développement du trafic. » Il n'est pas douteux que l'État se serait également refusé à supporter la charge des comptes de travaux complémentaires dont l'ouverture à des compagnies fermières aurait pu s'imposer.

Ainsi encore, M. Maruéjouls écrivait, le 21 avril 1903, au gouverneur général, en lui notifiant l'homologation des propositions de tarifs présentées par l'administration des lignes rachetées et par la compagnie de l'Ouest Algérien, à l'effet de modifier les taxes des séries du tarif général pour les rapprocher de celles en vigueur sur la ligne d'Alger à Oran : « Ces décisions consa-« crent, pour la région à l'ouest d'Alger, un régime « dont l'application, à l'est, est rendue actuellement « impossible par le refus des compagnies de l'Est-Algé-« rien et de Bône-Guelma de présenter de semblables « propositions, cette réforme devant être réalisée au « plus tard quand la colonie sera devenue maîtresse « des tarifs, si la recette brute kilométrique des réseaux « atteignait 6,000 francs en petite vitesse, ou si le bud-« get de l'Algérie croyait pouvoir prendre à sa charge « les risques de l'opération. »

En d'autres termes, la création du budget spécial a conduit la métropole à décider de laisser à l'Algérie les charges qui résulteraient soit des améliorations de tarifs susceptibles d'occasionner une diminution importante des recettes des chemins de fer, soit de l'exécution de travaux complémentaires autres que ceux que les compagnies doivent effectuer à leurs frais ou au moyen des comptes spéciaux ouverts par les conventions.

Cette résolution du gouvernement a été de nouveau affirmée très nettement dans l'exposé des motifs du projet de loi déposé le 16 novembre 1903 sur le bu-reau de la Chambre des Députés par MM. Combes,

Rouvier et Maruéjouls. « Le nouvel état de choses, « dont la création du budget spécial a été le point de « de départ » porte cet exposé « implique l'octroi à « l'Algérie d'une liberté d'action suffisante pour réaliser « les transformations nécessaires dans le régime de ses « chemins de fer et l'abaissement des tarifs. De même « que, désormais, il lui appartiendra d'exécuter à ses « frais les travaux publics dont elle reconnaîtrait l'uti- « lité, il doit lui appartenir de modifier les conditions « d'exploitation de ses lignes, dans la mesure où les « ressources de son budget lui permettront de faire face « aux charges correspondantes. C'est aux Algériens à « apprécier dans quelle mesure ils trouvent avantage « à avoir un meilleur service sur leurs chemins de « fer et à moins payer comme voyageurs et comme « expéditeurs de marchandises, sauf à payer davantage « sous forme d'impôts, si le trafic ne se développait pas « en conséquence (1) ».

N'était-il pas de toute logique, dans ces conditions, de laisser l'Algérie procéder elle-même à l'étude des réformes dont elle devait payer tous les aléas et de commencer par lui remettre la haute surveillance et la haute direction du service des chemins de fer.

Les délégations et le conseil supérieur l'ont pensé, en acceptant, dès le mois de novembre 1901, le principe des propositions que l'administration leur soumettait dans ce sens au nom du ministère des travaux publics.

Cette remise exigeait la modification des disposi- tions de la loi du 19 décembre 1900 relatives au paiement des garanties d'intérêts, parce qu'il était impossible de faire supporter par le budget de l'Etat la répercussion des engagements ou des décisions prises par les assemblées algériennes ou par le gouverne- ment général.

Aussi bien, à côté des motifs d'ordre économique qu'on vient d'indiquer, il y avait deux raisons d'ordre budgétaire de modifier les dispositions dont il s'agit.

----

(1) Délégations financières, session de mars 1904. notes, page 213.

Aux termes de la loi de 1900, la métropole conservait jusqu'au 31 décembre 1925 la garantie d'intérêts de toutes les lignes d'intérêt général ouvertes à l'exploitation antérieurement au 1er janvier 1901. Mais, au 1er janvier 1926, cette garantie, que les hypothèses les plus optimistes évaluaient à environ 12 millions, devait passer à la charge de la colonie. La bonne gestion des finances de l'Algérie et l'assiette de son crédit s'accomodaient mal d'une aussi redoutable éventualité. Pour éviter ce brusque accroissement des dépenses d'une année à l'autre, on proposa de substituer au système du paiement successif des garanties par la métropole et par la colonie, que comportait la loi de 1900, un système de paiement simultané dans lequel la contribution de la métropole irait en diminuant progressivement et se prolongerait au-delà de 1925, tandis que la participation de l'Algérie commencerait immédiatement et croîtrait peu à peu.

D'autre part, pour atténuer la charge annuelle de la garantie d'intérêts, l'article 13, § 4, de la loi sur le budget spécial attribuait à l'Etat, jusqu'à concurrence d'un tiers, les excédents de recettes constatés en fin d'exercice lorsque le fonds de réserve du budget algérien dépasserait la somme de cinq millions. Cette clause de partage, perpétuelle menace de malentendus entre la mère-patrie et la colonie, était encore une véritable incitation au gaspillage des recettes ordinaires, à une mauvaise gestion financière. Sa suppression apparaissait comme indispensable pour assurer le fonctionnement normal du budget.

Ce sont ces divers motifs qui ont conduit les délégations financières à demander la révision de la loi du 19 décembre 1900 et le gouvernement à faire voter la loi du 23 juillet 1904.

Les dispositions de cette loi satisfont aux préoccupations économiques, administratives et budgétaires ci-dessus exposées. Elles appellent le gouverneur général à exercer, en Algérie, les pouvoirs qui appartiennent au ministre des travaux publics en vertu des lois, règlements et conventions en vigueur pour tout ce qui concerne la construction et l'exploitation des chemins de fer d'intérêt général (art. 6) des chemins de fer d'intérêt local et des tramways (art. 8). Elles habilitent les délégations financières et le conseil supérieur à délibérer, sous réserve de l'approbation par un décret en conseil d'Etat ou par une loi, des modifications aux conventions existantes, du rachat et de l'exploitation des lignes actuellement concédées, (art. 7). Elles suppriment le partage des excédents de recettes du budget algérien (art. 4). Elles substituent au paiement successif par la métropole et par la colonie des charges résultant de la construction, de l'exploitation ou du rachat des chemins de fer d'intérêt général, le paiement simultané de ces charges par l'Algérie et par l'Etat dont la participation est fixée à des sommes forfaitaires annuelles décroissant par périodes de manière à prendre fin en 1946, de sorte que le budget métropolitain concourt au règlement des garanties pendant 20 ans de plus que ne le prévoyait la loi du 19 décembre 1900 (art. 1 et 2).

Comparaison de la loi du 23 juillet 1901 et de celle du 19 décembre 1900

Ces stipulations financières, sur lesquelles a porté en définitive presque toute la discussion du projet, nécessitent seules quelques développements. Elles sont telles que la répartition des charges de la garantie résultant de la loi du 19 décembre 1900 est aujourd'hui modifiée au profit de l'Algérie.

Dans sa lettre déjà citée du 19 octobre 1901, M. Pierre Baudin avait indiqué deux modes de calcul des participations à verser annuellement jusqu'à l'expiration des concessions par l'Etat et par l'Algérie. Ces deux systèmes avaient ceci de commun qu'ils supposaient que le total des contributions respectives de chaque partie devait rester égal à ce qu'il aurait été dans le cas de l'application de la loi de 1900.

Les assemblées algériennes avaient fait observer que la colonie serait ainsi imposée dans une mesure supérieure à ses facultés financières, et elles avaient vivement insisté pour que la répartition prévue par la loi relative au budget spécial fut révisée. Le projet de convention proposé en 1902 par le ministère des travaux publics leur donnait satisfaction ; mais, bientôt après, le Gouvernement puis le Parlement revenaient au principe posé prr la loi de 1900 (1).

La commission du budget de la Chambre des Députés, qui a calculé et présenté le taux des subventions que les Chambres ont adopté, ne pouvait songer à déterminer avec exactitude le montant des sacrifices que l'État aurait eu à supporter sous le régime de la dite loi. Elle a dû faire à ce sujet une hypothèse : dans le désir de rester au-dessus de la réalité, elle a admis que le budget métropolitain aurait eu à payer de 1905 à 1925 une garantie annuelle fixe légèrement supérieure à 18 millions et elle a réparti sur une période allant jusqu'en 1915 le total formé par ces vingt et une annuités.

Or, si les années antérieures à 1903 pouvaient laisser des doutes sur la question de savoir si les dépenses annuelles n'excéderaient pas 18 millions, il n'en est pas de même des années 1903 et 1904 dont les résultats ont été définitivement connus depuis le vote de la loi, ni des prévisions de l'année 1905. En effet, les payements effectués au titre de la garantie d'intérêts ou des annuités de rachat se sont élevés :

<pre>
        en 1903, à 17.709.928 77

        en 1904, à 17.613.394 31

et ils sont évalués pour 1905, à 17.024.559 30
sommes décroissantes et toutes inférieu-
res à .... 18 millions.
</pre>

En outre, il convient de faire entrer en compte la suppression du partage des excédents de recettes qui représente pour l'Algérie la conservation de ressources importantes si l'on en juge par le règlement des bud-

---

(1) Voir notamment le rapport présenté au nom de la commission, du budget de la Chambre des Députés par M. Pierre Baudin, délégations financières, mars 1904, note page 259 et le rapport présenté au nom de la commission des finances du Sénat par M. Denoix.

gets de 1901, 1902, 1903 et 1904 dont les excédents ont été tels que l'État a reçu :

pour 1901 et 1902 ....,...... 1.463.436 68
et recevra pour 1903 .... 2.681.610 32
enfin pour 1904 .... plus de 2 millions.

L'expérience tend donc bien à démontrer que la commission du budget dans ses évaluations et les Chambres dans leur décision ont fait preuve envers l'Algérie d'une incontestable bienveillance. Elles ont ainsi voulu ne pas paralyser la réforme de l'exploitation des lignes algériennes et même s'associer dans une large mesure à l'effort que doit consentir la colonie pour la réaliser ; il suffit pour s'en convaincre de se reporter aux débats de la Chambre des Députés et du Sénat dont le texte a été remis aux membres des assemblées algériennes (1).

RÉPERCUSSION BUDGÉTAIRE DE LA LOI DU 23 JUILLET 1904

L'une des questions dont le gouvernement général devait se préoccuper après la promulgation de la loi du 23 juillet 1904 était la détermination aussi exacte que possible des charges qu'imposerait la remise à l'Algérie de ses chemins de fer d'intérêt général.

Actuellement, ces lignes sont réparties entre cinq exploitants.

Les unes, celles d'Arzew à Ben-Zireg et de Mostaganem à Tiaret, ont été rachetées à la compagnie Franco-Algérienne et sont, depuis le 26 décembre 1900, exploitées en régie. Leur rachat et leur exploitation se traduisent au budget par l'inscription :

en recettes, du produit net que peut donner la gestion ;

en dépenses, des annuités de rachat, des sommes nécessaires à l'exécution des travaux complémentaires

---

(1) Voir notamment le rapport de M. Pierre Baudin à la Chambre des Députés. Délégations Financières, session 1904 notes p. 260, discussion à la Chambre. Observations du président de la commission du budget et du Ministre des Finances ibid p. 580 rapport de M. Denoix au Sénat.

ayant le caractère de frais de premier établissement et des déficits de l'exploitation s'il s'en produit.

Les autres sont exploitées par les compagnies concessionnaires : le Paris-Lyon-Méditerranée, l'Ouest-Algérien, l'Est-Algérien et le Bône-Guelma. Ces quatre compagnies bénéficient de la garantie de l'État dans des conditions sensiblement analogues pour les trois dernières, mais différentes de celles qui régissent l'exploitation de la première en ce sens que, tandis que pour le P.-L.-M. l'État s'est seulement obligé à garantir aux capitaux engagés, limités à 80,000,000 francs, un intérêt de 5 %, il assure aux autres compagnies, et par suite indirectement aux capitalistes qui leur ont fourni les fonds nécessaires, un revenu déterminé en raison des sommes dépensées pour l'établissement de leurs réseaux ou des sommes auxquelles la valeur de cet établissement a été fixée forfaitairement : d'autre part, il s'est obligé à couvrir, s'il y avait lieu, dans des conditions déterminées, les insuffisances de leur exploitation.

En fait, cette dernière obligation n'est plus invoquée que pour un petit nombre de lignes qui diminue chaque année et seules, celles de Guelma au Kroubs et de Souk-Ahras à Sidi-el-Hemessi pour la compagnie de Bône à Guelma, celle de Blida à Berrouaghia pour l'Ouest-Algérien, présentent, pour 1904, dans les comptes soumis à l'État, des insuffisances d'exploitation.

Chaque réseau considéré dans son ensemble fournit, au contraire, des excédents de produits que les compagnies doivent porter en atténuation des charges de la garantie de revenu qui leur est allouée.

En outre, les sommes versés annuellement à titre de garantie, ne constituent que des avances. Elles sont inscrites à un compte ; elles portent intérêt à 4 % et elles forment la dette des compagnies. L'État doit être remboursé de ces avances et des intérêts sur les produits nets des lignes auxquelles est accordée la garantie, dès que ces produits nets dépassent l'intérêt et l'amortissement garantis et dans quelque année que cet excédent se produise.

Par suite, la construction et l'exploitation de ces réseaux se traduisent au budget par l'inscription :

en dépenses, des crédits nécessaires au payement des avances de garantie.

et en recettes, des remboursements que pourraient effectuer certaines compagnies.

D'autre part, le règlement des comptes des compagnies ne s'opère pas d'une manière uniforme. Le Paris-Lyon-Méditerranée et l'Est-Algérien produisent au commencement de chaque année les comptes de leur exploitation pendant l'année précédente. Le Bône-Guelma remet au début de chaque semestre les comptes relatifs au semestre précédent. L'Ouest-Algérien produit des comptes trimestriels pour la ligne de Blida à Berrouaghia et des comptes semestriels pour les autres lignes.

Enfin, le paiement des garanties ne s'effectue pas en une seule fois. Aussitôt la production des comptes et dans les délais qui varient d'une compagnie à l'autre, l'État verse une provision, après un examen sommaire par la commission de vérification des comptes et après avis du ministre des finances ; le solde est payé lorsque les comptes ont été définitivement contrôlés par la commission de vérification et arrêtés par le ministre des travaux publics. Les contestations que peuvent soulever les arrêtés ministériels sont déférés au Conseil d'État et donnent lieu à des réglements ultérieurs.

L'Algérie a été ainsi appelée à prendre en compte au 1er janvier 1905 :

1° les soldes dus sur les comptes régulièrement produits avant cette date ;

2° les annuités de rachat de la compagnie Franco-Algérienne ;

3° les produits nets ou les insuffisances de l'exploitation du réseau administré en régie ;

4° les travaux complémentaires à exécuter sur ce réseau ;

5° les avances de garantie (provisions et soldes) à partir du 1er janvier 1905 ;

6° les remboursements que les compagnies pourraient effectuer.

Soldes. — Suivant les renseignements recueillis, tous les comptes relatifs à l'exploitation pendant les années antérieures à 1902 sont définitivement réglés.

Les soldes afférents aux années d'exploitation 1902 et 1903 s'élèvent aux sommes ci-après :

COMPAGNIES	Soldes afférents à l'année d'exploitation	
	1902	1903
	fr.	fr.
Paris-Lyon-Méditerranée . . .	39.798	69.612
Bône-Guelma et prolongements.	405.041	330.374
Est-Algérien.	406.526	396.056
Ouest-Algérien.	422.287	440.648
Total. . . .	1.273.652	1.236.690
Ensemble.	2.510.392	

La commission de vérification n'a pas produit son rapport sur les comptes de la compagnie P. L.-M. relatifs à l'exploitation de l'année 1904. Pour les autres compagnies, les différences entre les avances demandées et les provisions versées au titre de la dite année atteignent les sommes suivantes :

Bône-Guelma et prolongements. 370.872 63
Est-Algérien. 456.592 55
Ouest-Algérien. 553.772 82

Annuités de rachat de la compagnie Franco-Algérienne. — Aux termes d'une convention intervenue le 24 mars 1902 entre le ministre des travaux publics et M. Navarre, liquidateur de la compagnie Franco-Algérienne — convention ratifiée par une loi du 19 avril 1903 — l'État s'est, d'une part, chargé de faire, à ses frais, pour les échéances postérieures à celles du 1er avril 1902, le service de l'intérêt et de l'amortissement des obligations garanties émises par la compagnie et il s'est, d'autre part, engagé à payer à forfait, pour toute indemnité de rachat des lignes garanties et de reprise de la ligne non garantie d'Arzew à Krafalla ainsi que pour le règlement de la garantie d'intérêts de tous les exercices antérieurs, la somme de 19.500.000 francs avec intérêts à 4 0/0 à partir du 15 avril 1902.

Cette somme de 19.500.000 francs avec les intérêts dûs a été réglée : jusqu'à concurrence de 17.500.000 francs, par prélèvement sur les ressources de la dette flottante, et, pour le surplus, au moyen des crédits inscrits au budget du ministère des travaux publics pour le service de la garantie d'intérêts. La dette flottante devait être remboursée de son avance par le paiement pendant 73 ans d'une annuité calculée au taux de 3 0/0 En fait, elle a été remboursée par le Trésor au moyen des excédents du budget métropolitain de l'exercice 1903.

En exécution de la loi du 23 juillet 1904, l'Algérie doit prendre en charge l'annuité de remboursement de la somme de 17.500.000 francs et le service des obligations garanties de l'ancienne compagnie Franco-Algérienne.

Du chef de l'avance du Trésor, il reste à payer le 1er juillet de chacune des années de 1905 à 1976, 72 annuités de 595.609 fr. 36.

Le service des obligations est assuré par la banque de l'Union parisienne, moyennant le paiement d'une allocation annuelle de 12.450 francs, dont 12.000 francs à titre d'indemnité et 450 francs pour frais d'imprimés et d'annonces. Ce service nécessite le paiement d'annuités qui varient entre 1.565.000 francs et 1.567.325 francs pendant la période de 1905 à 1973, passent à 1.551.455 francs en 1973, se maintiennent ensuite aux environs de 1.032.000 francs de 1975 à 1983, tombent à 1.022.790 francs en 1984 et cessent en 1985.

Ces diverses annuités constituant des dettes nettement déterminées doivent être inscrites à la section de la dette du budget algérien. Pour l'année 1905, elles s'élèvent à 2.173.024 fr. 36.

Produits nets et insuffisances de l'exploitation du réseau administré en régie. — C'est le 26 décembre 1900 que les lignes rachetées à la compagnie franco-algérienne ont été reprises par l'Etat. Depuis lors, elles ont donné les produits nets ci-après : (1)

Du 26 au 31 décembre 1900 . . .	30.207 fr. 43
Pour l'année 1901	1.125.699 96
Pour l'année 1902	1.141.391 62
Pour l'année 1903	1.156.723 57
Et pour l'année 1904 (chiffre provisoire	850.000 00
Les produits nets de 1905 sont évalués à.	1.100.000 00
Et ceux de 1906 à . . .	700.000 00

Travaux complémentaires à exécuter sur le réseau de l'Etat. — Les travaux complémentaires exécutés jusqu'à ce jour sur le réseau racheté se sont élevés :

en 1902 à	264.630 francs
en 1903 à	316.834 fr. 64
en 1904 à	320.000 environ

Ils sont estimés :

pour 1905 à.	985.000 francs
et pour 1906 à.	720.000 francs

Avances de garantie à partir du 1er janvier 1905. — D'après les renseignements communiqués par le ministère des travaux publics à la date du 31 janvier 1905, les avances de la garantie que le budget peut avoir à payer en 1905 paraissent devoir atteindre les sommes ci-dessous :

---

(1) D'après les comptes d'administration du réseau pour les années 1900 à 1903 inclus et les renseignements fournis par l'administrateur pour l'année 1904.

Année d'exploitation 1904 (provision).	P. L. M..................		300.000ᶠ
	Est-Algérien (1) ...		7.150.000
	Bône-Guelma (2ᵉ sem.) (2)		1.617.883
	Ouest-Algérien (3)	Blida-Berrouaghia (4ᵉ trimestre).......	270.000
		autres lignes (2ᵉ semestre)...	680.000

10.107.883 fr.

Année d'exploitation 1905 (provision).	Bône-Guelma (1ᵉʳ sem.)..		2.000.000
	Ouest-Algérien	Blida à Berrouaghia (1ᵉʳ, 2ᵉ et 3ᵉ trimestres)..	790.000
		autres lignes (1ᵉʳ semestre).	680.000

3.470.000 fr.

On peut compter en outre que, normalement, le budget aura à payer les soldes ou des provisions supplémentaires pour l'année d'exploitation 1902, c'est-à-dire.............. 1.273.652 fr.

Soit au total.......... 14.851.535 fr.

Remboursements des compagnies. — La compagnie P.-L.-M. a déjà effectué des remboursements en 1885 (469.746 fr. 51) en 1886 (369.130 fr. 93) en 1896 (92.573 fr. 55) et en 1899 (140.810 fr. 86). On estime qu'elle en effectuera aussi en 1906 (145.000 fr.)

Les comptes produits par la compagnie de Bône à Guelma et prolongements pour l'année 1904 font, d'autre part, ressortir que l'exploitation de la ligne de Bône à Guelma donnera lieu à un remboursement de 143.388 fr. 20.

___

(1) Une provision de 7,153,000 francs a été mandatée au profit de la compagnie de l'Est-Algérien le 18 février 1905.

(2) La provision de 1,617,883,11 a été mandatée au profit de la compagnie de Bône-Guelma le 18 février 1905.

(3) La provision à payer à l'Ouest-Algérien au titre de l'année d'exploitation 1904 a été fixée à la somme de 669,516,81 qui a été mandatée le 18 février 1905.

Charge budgétaire de 1905 [1]. — Ainsi, le budget de l'Algérie, pour l'exercice 1905, doit recevoir en recettes :

1° la subvention de l'État............ 18.000.000 fr.

2° le produit net du réseau exploité en régie............. 1.100.000

} 19.100.000 fr.

et il doit supporter en dépenses :

1° les annuités relatives au rachat de la compagnie Franco-Algérienne...... 2.173.024.36   fr.

2° les avances de la garantie et les soldes à payer aux compagnies P. L. M., Bône-Guelma, Est-Algérien et Ouest-Algérien............ 14.851.535

3° les travaux complémentaires à exécuter sur le réseau exploité en régie.............. 985.000

} 18.009.559 36

---

(1) Les chemins de fer d'intérêt général de l'Algérie se répartissent ainsi par département :

Oran.....................	1.292 kil.	855 m.
Alger....................	550	332
Constantine...........	1.195	852
Total...........	3.039 kil.	039 m.

La moyenne annuelle des dépenses qu'ils ont occasionnées au budget pendant les dix années 1894-1903, soit au titre des avances de la garantie d'intérêt, soit au titre de la construction de la ligne du sud-oranais est :

pour le département d'Oran de	3.989.332 fr.	soit 20,1 o/o.
— d'Alger de	4.002.320 fr.	— 20,2 o/o.
— de Constantine de	11.831.154 fr.	— 59,7 o/o.
Total...........	19.822.806 fr.	100.

Ce budget bénéficiera donc, en définitive, au titre des chemins de fer,
d'un excédent de recettes de.......... 1.090.440 64
qui servira, selon l'expression du rapporteur de la
commission du budget de la Chambre des Députés, à
« constituer la réserve devant servir de régulateur pour
« le budget algérien et le mettre à l'abri des hasards de
« l'exploitation commerciale (1) ». L'existence de cet excédent, dès la première année du nouveau régime budgétaire, permet à l'administration de s'engager résolu-
ment dans la voie de la réforme des chemins de fer
sans crainte d'imposer aux contribuables des charges
excessives.

LA RÉFORME ÉCONOMIQUE DU RÉGIME
DES CHEMINS DE FER

Les critiques qui ont été formulées au sujet du
régime actuel des chemins de fer d'intérêt général sont
motivées par divers ordres de faits.

Les plus vives et les plus pressantes sont assurément
celles qui concernent l'élévation des prix de transport,
la différence des tarifs appliqués à une même marchandise sur les divers réseaux, le cumul des délais de transport lorsqu'une expédition emprunte les lignes de plusieurs compagnies, la non-concordance des conditions
d'application des tarifs sur les différents réseaux, en un
mot tout ce qui touche à la tarification.

En second lieu, viennent les protestations, également
vives et pressantes, mais moins générales, contre l'in-
suffisance du matériel roulant, l'exiguïté des installations dans certaines gares anciennes, le manque de
stations sur les points où la colonisation s'est portée
depuis l'ouverture des lignes à l'exploitation et sur
ceux où elle pourrait facilement s'étendre, c'est-à-dire
contre la non-exécution des travaux complémentaires
indispensables pour mettre les chemins de fer en rap-

------

(1) Délégations financières, session de mars 1901, notes
page 261.

port avec l'état actuel du développement de l'Algérie et les faire coopérer à l'essor économique du pays.

Enfin, certaines réclamations sont provoquées par l'accroissement que subissent, en quelques points, les prix de transport par suite du paiement de droits de transmission d'un réseau à un autre, par les difficultés que rencontrent la préparation et l'exécution des projets intéressant plusieurs compagnies, par le manque de concordance entre les horaires des trains aux points de croisement des lignes, etc., c'est-à-dire par la multiplicité et l'enchevêtrement des réseaux.

Toutes ces critiques recevraient le maximum de satisfaction qu'il est possible de leur donner si l'on procédait, comme l'ont demandé à diverses reprises les assemblées algériennes, à l'unification des réseaux et à l'unification des tarifs.

L'UNIFICATION DES RÉSEAUX ET L'UNIFICATION DES TARIFS PAR LE RACHAT DES CONCESSIONS

Il ne faut pas se dissimuler que l'unification des réseaux par le rachat des concessions de chemins de fer d'intérêt général sera une opération des plus complexes et des plus délicates.

Cependant, sur la demande du gouverneur général, la commission présidée par M. le conseiller d'Etat Colson, qui avait préparé la convention relative à la remise à l'Algérie de ses chemins de fer, a commencé l'étude des conditions dans lesquelles le rachat des lignes algériennes peut être effectué.

La base essentielle du rachat, pour tous les chemins de fer en général, est le paiement, jusqu'en fin de concession, d'une annuité représentative du revenu net obtenu par la compagnie concessionnaire dans les dernières années de sa gestion. En outre, l'Etat doit payer la valeur à dire d'experts du matériel roulant et des approvisionnements, sous la réserve que la somme due par la compagnie, pour les avances reçues par elle à titre de garantie avant le rachat, se compense, jusqu'à due concurrence, avec la somme qu'on aurait à lui payer pour son matériel et ses approvisionnements.

Mais, les clauses insérées à ce sujet dans les conventions et dans les cahiers des charges donnent parfois lieu à des divergences d'interprétation que les tribunaux peuvent être appelés à trancher et dont la solution se traduit par une augmentation ou une diminution du total des charges que le rachat impose à l'Etat.

Ainsi, pour certaines compagnies (l'Est-Algérien, l'Ouest-Algérien et le Bône-Guelma), le revenu net se calcule en évaluant les dépenses d'exploitation d'après des forfaits. Ces compagnies réalisent chaque année sur ces forfaits des bénéfices importants. Elles demandent que ces bonis leur soient alloués en sus du revenu net garanti de leur capital de premier établissement. L'Etat conteste cette prétention. Pour l'Est-Algérien, le litige porte sur une annuité de plus de 200,000 francs, qui devrait être versée à la compagnie jusqu'en fin de concession, si sa réclamation était admise par les tribunaux.

La compagnie de l'Est-Algérien soutient que l'affectation du matériel roulant et des approvisionnements comme gage des avances de garantie ne figure pas en termes exprès dans ses conventions, et que, dès lors, l'Etat doit lui payer, en cas de rachat, son matériel roulant et ses approvisionnements, sans établir aucune compensation entre leur valeur et le montant de sa dette de garantie. La compagnie du Bône-Guelma émet une prétention analogue en ce qui concerne la ligne de Bône à Guelma. L'Etat conteste également cette manière de voir. Le matériel roulant de l'Est-Algérien semble pouvoir atteindre de 6 à 8 millions, celui du vieux Bône 1 à 2 millions.

Le gouvernement général ne saurait — on le comprendra — entrer ici dans aucun développement sur l'interprétation des conventions et des cahiers des charges, ni dans aucune discussion sur les différends déjà connus ; on a simplement voulu, par ces deux exemples, montrer la difficulté et la complexité des études que soulève la question du rachat.

L'examen de problèmes aussi délicats ne pouvait être entrepris par l'administration dès les premières semaines du fonctionnement du service des chemins de fer au gouvernement général. Jusqu'à la fin de l'année 1904, toutes les affaires importantes de ce service étaient préparées et solutionnées au ministère des travaux publics. L'intervention de l'administration algérienne était limitée à l'instruction des projets d'ordre courant comme les modifications des tarifs, les projets de travaux complémentaires et les changements d'horaires, qu'un personnel très restreint pouvait assurer (1). Depuis le 1er janvier dernier, au contraire, cette administration doit assumer la responsabilité de l'examen de toutes les questions qui se posent tant à l'occasion de l'application du régime actuel des voies ferrées de la colonie qu'à propos des remaniements que ce régime exige. Il importe donc tout d'abord de recruter le personnel spécial et compétent que nécessite l'organisation nouvelle, puis de laisser ce personnel acquérir l'expérience des questions très particulières que comporte la législation des chemins de fer et des tramways.

Les crédits indispensables à l'augmentation du nombre des agents attachés à la direction du contrôle des chemins de fer sont prévus au projet de budget de l'exercice 1906.

D'autre part, l'administration devait, cette année, se montrer d'autant plus prudente en ce qui concerne la réforme du régime des chemins de fer et les améliorations dont l'utilité a été signalée, que la colonie semble traverser une crise économique assez sérieuse.

L'Algérie a été en effet durement éprouvée pendant l'année écoulée par les intempéries exceptionnelles de l'hiver 1903-1904, par les grèves qui ont, par deux fois, interrompu ses relations avec la mère-patrie, par une recrudescence exceptionnelle des fièvres paludéennes et par la mévente des vins.

____

(1) Ce personnel ne comprend qu'un contrôleur-comptable. Depuis quelques mois, on a adjoint à cet agent un conducteur des ponts et chaussées emprunté temporairement à la section technique de la direction des travaux publics où il ne laisse pas de faire défaut.

L'UNIFICATION DE L'EXPLOITATION PAR LA CONSTITUTION D'UN SYNDICAT ENTRE LES COMPAGNIES

Cependant, on a pensé qu'il serait peut-être possible de réaliser immédiatement, sinon l'unification des réseaux, du moins l'unification de l'exploitation, qui reste la principale revendication des producteurs et des négociants, par la constitution d'un syndicat entre les compagnies actuelles.

La formation de ce syndicat rendait d'ailleurs nécessaire la modification des conventions.

Il n'était, en effet, pas possible de songer à réunir une compagnie placée, comme celle de Paris à Lyon et à la Méditerranée, sous le régime des dépenses réelles d'exploitation aux compagnies de l'Est-Algérien, du Bône-Guelma et de l'Ouest-Algérien qui sont rémunérées de leurs frais d'exploitation par des allocations forfaitaires variant suivant des formules différentes et compliquées. Il fallait supprimer les forfaits et mettre toutes les compagnies sous le régime des dépenses réelles.

De même, il n'était pas possible de fusionner purement et simplement des compagnies jouissant, comme l'Ouest-Algérien, par exemple, d'un compte de travaux complémentaires avec des compagnies comme le P.L.M. et l'Est-Algérien qui doivent supporter, sans aucune garantie, les dépenses de travaux complémentaires de premier établissement. Il fallait faire disparaître les comptes de travaux complémentaires, instituer un nouveau régime pour l'exécution de ces ouvrages et compenser par des mesures spéciales les pertes éprouvées et les avantages obtenus par les diverses compagnies.

Mais dès l'instant où la modification des contrats s'imposait, il était naturel de rechercher les moyens de remédier au vice essentiel du régime actuel des voies ferrées algériennes, c'est-à-dire d'intéresser les compagnies dans le développement du trafic.

Des conférences ont eu lieu dans cet ordre d'idées avec les compagnies; mais celles-ci ont formulé des demandes qui tendaient à la concession par l'Algérie d'avantages tellement importants par rapport aux conventions actuelles qu'il a paru impossible de faire aboutir le projet de syndicat. Les négociations entamées ont été en conséquence suspendues.

L'EXÉCUTION DES TRAVAUX COMPLÉMENTAIRES ET L'UNIFICATION DES TARIFS PAR L'APPLICATION DES CONVENTIONS ACTUELLES

Est-ce à dire que l'administration soit dans la nécessité de laisser subsister indéfiniment la situation des chemins de fer qui provoque depuis si longtemps des plaintes fondées ? Évidemment non.

Les populations agricoles et les représentants du commerce demandent surtout, comme on l'a rappelé plus haut, l'exécution des travaux complémentaires et l'unification des tarifs.

Le gouvernement général va s'efforcer d'obtenir des compagnies l'accomplissement progressif de ces deux améliorations en poursuivant avec bienveillance, en même temps qu'avec fermeté, l'application des conventions et des cahiers des charges qui régissent les concessions.

Au surplus, il ne me semble pas que, dans l'état actuel des choses, avec les pouvoirs dont dispose le service du contrôle des chemins de fer et si les compagnies veulent, ainsi qu'elles l'affirment volontiers, apporter tout leur concours à l'œuvre de la colonisation, l'administration ne puisse assurer, dans un délai normal, l'exécution de ce programme.

Le rachat et l'exploitation en régie des lignes de l'ancienne compagnie Franco-Algérienne a fait disparaître toutes les difficultés que présentaient la situation précaire des finances de cette société et les clauses de ses conventions. Du 26 décembre 1900, jour de la reprise des lignes par l'État, jusqu'au 31 décembre 1904, l'intérêt de l'administration de ces lignes a été identifié à celui du budget métropolitain ; depuis le 1er janvier 1905, il est confondu avec celui du budget algérien. Aussi, de notables perfectionnements ont-ils été déjà apportés dans le service des trains, dans le matériel et dans la tarification. A l'heure actuelle, pour ce réseau, on peut dire que l'exécution des travaux complémentaires indispensables pour satisfaire aux intérêts des régions traversées n'est limitée que par la dotation inscrite au budget algérien pour en couvrir la dépense et que l'unification des tarifs est subordonnée aux délais que le comité consultatif et le gouvernement général jugeront nécessaires d'observer pour en assurer la réalisation sans troubler l'équilibre budgétaire.

Dans le principe, le régime de la garantie d'intérêts sous lequel vivent les autres exploitants ne les incite pas à l'extension du trafic et parfois même les intéresse à ce que le trafic ne se développe pas. Tant que cette garantie joue ou tant que la dette à laquelle elle a donné lieu n'est pas éteinte, les accroissements du produit net servent exclusivement à diminuer les avances faites chaque année aux compagnies ou à augmenter les remboursements qu'elles effectuent sur les avances antérieures. Trois des compagnies, l'Est-Algérien, l'Ouest-Algérien et le Bône-Guelma n'ayant aucune chance de cesser jamais de faire appel à la garantie, n'ont aucun intérêt apparent à voir leur produit net s'élever. La quatrième, le P.-L.-M., approche de la période de remboursement; mais, comme le remboursement devrait atteindre 1,500,000 francs par an, rien que pour couvrir les intérêts de la dette, la compagnie ne peut raisonnablement espérer arriver jamais à se libérer et à disposer des plus-values; elle semble donc désintéressée à peu près comme les autres dans l'accroissement du produit net.

Mais, lorsqu'on examine de plus près le régime des compagnies et les faits, on constate que la situation n'est pas toujours aussi grave.

Dans les comptes des compagnies, on distingue deux catégories de dépenses; celles concernant les travaux de premier établissement et celles relatives à l'exploitation. Les premières font l'objet de la garantie d'intérêts proprement dite et leur augmentation depuis l'ouverture des lignes au service public est à la charge des compagnies, à moins qu'elle ne fasse expressément l'objet dans les conventions d'un compte de travaux complémentaires garantis. Les secondes sont parfois remboursées intégralement à la compagnie : c'est le cas pour le P.-L.-M., mais elles sont, le plus souvent, fixées à des sommes forfaitaires variant avec la recette suivant des formules stipulées dans les conventions. Les unes et les autres sont liées en ce sens que l'exécution de travaux complémentaires entraîne généralement des dépenses d'exploitation ; ainsi, l'agrandissement d'une gare ou l'augmentation du matériel roulant augmente l'entretien et les frais du personnel. Il faut donc, pour apprécier sainement l'intérêt d'une compagnie dans le développement du trafic, examiner la situation de cette compagnie au double point de vue des dépenses de premier établissement et des dépenses d'exploitation. Il convient, en outre, de faire état des pouvoirs que la loi attribue à l'administration et de l'obligation morale où sont les compagnies chargées d'un service public, de satisfaire, dans la mesure où elles sont fondées, aux réclamations des populations qu'elles desservent.

La compagnie P.-L.-M. n'a pas de compte de travaux complémentaires, ses dépenses d'exploitation lui sont intégralement remboursées. En principe donc, il semble qu'elle a intérêt à éviter l'extension du trafic dès que cette extension menace de lui imposer des charges de premier établissement. Mais, en fait, cette compagnie a réalisé par le jeu de l'émission de ses obligations garanties et par le calcul de l'annuité représentative de la subvention de 80 millions en capital qui lui a été accordée, un bénéfice qui se chiffre annuellement par plusieurs centaines de mille francs (1),

----

(1) Voir à cet égard les observations présentées par le rapporteur de la loi du 23 juillet 1904 au Sénat au sujet de l'article 3 de la loi.

Elle peut donc, sans nuire aux intérêts légitimes de ses actionnaires, assumer une charge importante de travaux complémentaires.

La compagnie de l'Ouest-Algérien jouit d'un compte général de travaux complémentaires dont la dotation n'est pas encore épuisée ; ses dépenses d'exploitation sont calculées suivant des barèmes qui constituent des maxima révisables. Dès à présent, elle verse à l'État les deux tiers des économies réalisées, quand les maxima ne sont pas atteints ; elle peut demander leur révision, s'ils sont dépassés. Donc, finalement, les dépenses d'exploitation portées en compte ne diffèrent pas beaucoup des dépenses réelles. Cette compagnie n'aurait par conséquent de motifs de s'opposer aux réformes qui lui seraient demandées que dans la mesure où leur exécution menacerait de faire disparaître son compte de travaux complémentaires et ses réserves. Aussi a-t-elle répondu favorablement aux demandes relatives à l'unification des tarifs qui lui ont été adressées par l'administration.

Pour toutes les lignes de l'Est-Algérien, sauf celle des Ouled-Rhamoun à Aïn-Beïda, les travaux complémentaires sont à la charge de la compagnie. Il en est de même en ce qui concerne les lignes de la compagnie de Bône à Guelma, sauf pour la ligne à voie étroite de Souk-Ahras à Tébessa qui a un compte de travaux complémentaires dont le montant sera toutefois épuisé prochainement. Sur presque toutes les lignes de ces deux compagnies les dépenses d'exploitation sont fixées à forfait ; tant que les recettes étaient très basses, le chiffre du forfait était invariable. Depuis que les recettes atteignent des chiffres un peu élevés, les sommes allouées à forfait augmentent suivant des barèmes compliqués, qui équivalent à abandonner aux compagnies environ le tiers, en moyenne, des plus values de recettes. Il suit de là que les compagnies sont légèrement intéressées à l'augmentation de la recette brute ; quand cette augmentation se produit spontanément, sans exiger aucun sacrifice, le tiers qui leur est attribué leur procure un bénéfice appréciable. En outre, les bénéfices que les compagnies ont fait ou font encore sur leurs forfaits de construction et sur leurs forfaits d'exploitation leur permettent d'exécuter sans pertes quelques travaux complémentaires.

Ainsi, les quatre compagnies algériennes sont, en ce moment, dans une situation telle que, si elles ne sont pas incitées par un gain à favoriser l'accroissement du trafic, elles n'ont cependant pas d'intérêt à repousser les améliorations susceptibles d'aboutir à ce résultat, tant que ces améliorations n'entraînent point de travaux complémentaires excessifs. On a déjà fait remarquer que le P.-L.-M. a effectué et que l'Ouest-Algérien a commencé la réforme des tarifs. Au contraire, l'Est-Algérien et le Bône-Guelma n'ont pas cru jusqu'à ce jour devoir entrer dans cette voie. Mais ces deux compagnies ont tenu à protester, dans leur dernier compte-rendu aux actionnaires, contre le reproche d'inertie qui leur a été adressé. Celle de l'Est-Algérien s'est plu à énumérer les améliorations de divers ordres qu'elle a effectuées et celle du Bône-Guelma a déclaré qu'elle était prête « à apporter à la future organisation » des chemins de fer algériens le concours dévoué qui » lui a permis depuis 30 ans de rendre de si grands » services à la colonie ». L'administration est donc fondée à penser qu'elle trouvera chez la plupart des compagnies, sinon chez toutes, la collaboration éclairée et active qui lui est nécessaire pour mener à bien la réforme des tarifs qu'elle projette d'accomplir et le programme d'installations complémentaires dont elle juge l'exécution nécessaire.

Travaux complémentaires. — On a souvent cité la somme de 30 millions comme montant des travaux complémentaires dont l'exécution s'imposerait sur l'ensemble du réseau algérien. Il importe d'ajouter qu'il ne s'agit là que d'une évaluation sommaire faite il y a plusieurs années, d'après l'expérience du passé et la connaissance générale des réseaux que possèdent les agents du contrôle et que cette estimation s'appliquait à l'ensemble des ouvrages dont la construction pourra être nécessaire dans un délai d'une vingtaine d'années.

Aucun programme n'a donc été dressé.

Dès le commencement de l'année 1905, le service du contrôle a été invité à établir un relevé des travaux les plus urgents et des acquisitions de matériel roulant qu'il semble indispensable de réclamer aux compagnies. Celles-ci ont été saisies de ces indications ; c'est seulement lorsqu'elles auront produit leurs observations que l'administration pourra établir une liste des travaux à poursuivre dans un court délai comme étant de première urgence.

La question de savoir si ces travaux incomberont aux compagnies ou si la dépense devra en être supportée par l'Algérie ne saurait être tranchée sans un examen approfondi. En principe, la législation relative aux chemins de fer donne à l'administration le droit d'imposer aux compagnies certains ouvrages, notamment ceux intéressant la sécurité publique, la sûreté de la circulation, le bon entretien des lignes, et ceux nécessaires pour assurer dans les circonstances normales la marche régulière du service en observant les conditions et délais déterminés par les règlements et tarifs. Il conviendra donc d'examiner, dans chaque cas d'espèce, si l'ouvrage rentre dans l'une des catégories de travaux que la loi met au compte de la compagnie. Pour ceux qui ne seraient pas dans ce cas, l'administration s'efforcera, si la chose est possible, d'en poursuivre l'exécution par application de la loi du 26 octobre 1897, promulguée en Algérie par décret du 14 mai 1898, de manière à alléger les charges du budget colonial.

Unification des tarifs. — La réforme de la tarification que le gouvernement général projette de réaliser, avec le concours des compagnies, a pour objet d'obtenir que, malgré la répartition des lignes algériennes entre cinq exploitants, les choses se passent, en matière de tarifs, comme si toutes ces lignes étaient confiées à une seule administration.

Cette réforme nécessite non seulement l'unification des tarifs, c'est-à-dire l'adoption des mêmes tarifs par tous les exploitants, mais aussi la communauté de ces tarifs entre les exploitants. Elle aura certainement pour conséquence, au moins pendant les premières années de son application, des diminutions de recettes qui obligent l'administration à ne l'accomplir que par étapes, en tenant compte des intentions des compagnies et des possibilités budgétaires.

La division bien nette des questions que soulève l'étude de la tarification permet, au reste, de sérier facilement les efforts des compagnies et du budget.

On sait, en effet, que les tarifs se répartissent en deux catégories, ceux de petite vitesse, relatifs aux marchandises et ceux de grande vitesse qui concernent les voyageurs et les messageries.

Les tarifs généraux de grande vitesse des voyageurs sont à peu de chose près (1) les mêmes sur les réseaux de l'État, de l'Ouest-Algérien, de l'Est-Algérien, du Bône-Guelma et jusqu'à une distance de 150 kilomètres sur le P. L. M. (2). Leur application est, en outre, tempérée par celle de tarifs spéciaux déjà nombreux (billets d'aller et retour, abonnements, billets de famille etc,...)

D'autre part, le tonnage des marchandises transportées en grande vitesse en Algérie est relativement peu important — il n'a produit en 1903 qu'une recette totale de 619.342 francs sur l'ensemble des réseaux (3) — et

---

(1) Les seules différences sont, sur le B. G, le prix de la 2ᵉ classe qui est de 0.045 par kilomètre au lieu de 0.034 et le prix de la 3ᵉ classe qui est de 0.06 au lieu de 0.0016.

(2) Au-delà de 160 kilomètres les prix du P. L. M. sont inférieurs à ceux du tarif métropolitain.

(3) Pendant la même année 1903, la recette totale du trafic des chemins de fer algériens s'est élevée à 32.012.680 francs savoir :

Grande vitesse :

Voyageurs	10,111,255 fr.
Messageries	619.242 »
Bagages-chiens, postaux, voiture, bestiaux, divers	1.029.920 »
	11 700.526 fr.
Petite vitesse	20.252.154 »
Total	32.012.680 fr.

il ne semble pas que l'abaissement général des taxes soit de nature, dans un pays de grande production agricole comme l'Algérie, à le développer dans les proportions nécessaires pour compenser rapidement le perte de recettes qui en résulterait.

Aussi, l'administration a-t-elle pensé que l'unification des tarifs de grande vitesse, toute désirable qu'elle soit, devait être ajournée jusqu'à ce que celle des tarifs de petite vitesse ait été obtenue. Il va de soi que le gouvernement général continuera néanmoins à poursuivre les améliorations que comportent plus particulièrement certaines parties de la tarification de la grande vitesse, par exemple l'accroissement du nombre des billets d'aller et retour et l'abaissement des prix de transport des colis agricoles qui font l'objet des vœux légitimes des populations.

Les tarifs de petite vitesse comprennent un tarif général applicable à l'ensemble des marchandises et des tarifs spéciaux applicables à certains produits dont le peu de valeur ou dont le grand trafic justifient des prix inférieurs à ceux du tarif générale En outre, on distingue dans le tarif général, la classification des marchandises en séries, les conditions d'application et les barêmes et, dans les tarifs spéciaux, le numérotage, les conditions d'application et les barêmes.

La réforme la plus importante est assurément celle des barêmes, mais elle est liée dans une certaine mesure à celle de la classification, qui doit la précéder. L'adoption de conditions d'application communes tant pour les tarifs généraux que pour les tarifs spéciaux et du même numérotage des tarifs spéciaux qui n'apparaît au premier abord qu'une amélioration de pure forme a cependant une réelle importance dans un pays où les réseaux sont morcelés et quelquefois même enchevêtrés ; elle apportera de l'ordre et de la clarté dans les livrets de tarifs dont elle facilitera l'usage au public et elle offrira l'avantage de n'engager aucun sacrifice pécuniaire.

En tenant compte de ces considérations, et en s'inspirant des vues du comité consultatif des chemins de fer, qui s'occupe déjà depuis 1899 de l'amélioration des tarifs algériens de petite vitesse, le gouvernement général a décidé de poursuivre successivement :

En ce qui concerne le tarif général de la petite vitesse :

l'adoption par toutes les compagnies,

1º de la même classification des marchandises ;

2º de la même rédaction des conditions d'application ;

3º de barèmes identiques,

et la communauté du tarif général entre les compagnies qui auront consenti à ces trois premières modifications.

En ce qui concerne les tarifs spéciaux,

l'adoption par toutes les compagnies :

1º du même numérotage des tarifs similaires,

2º des mêmes conditions d'application,

3º de barèmes identiques,

puis la communauté des tarifs spéciaux unifiés.

Une partie de ce programme est déjà remplie.

En 1897, la compagnie Paris-Lyon-Méditerranée a pris l'initiative de proposer la réforme de sa tarification de petite vitesse ; ses propositions, qui prévoyaient l'adoption de barèmes plus réduits pour la ligne d'Alger-Oran que pour celle de Philippeville à Constantine, ont été homologuées par décision ministérielle du 28 février 1899.

Le nouveau tarif général de la ligne d'Alger à Oran est le plus bas de ceux en vigueur sur les réseaux algériens. Il comporte l'application des prix kilométriques ci-après :

DISTANCES	MARCHANDISES de la					
	1re Série	2e Série	3e Série	4e Série	5e Série	6e Série
Jusqu'à 25 kilomètres.	0.16	0.15	0.14	0.12	0.10	0.09
De 26 à 50	0.16	0.15	0.14	0.12	0.10	0.09
De 51 à 100	0.16	0.14	0.12	0.11	0.10	0.09
De 101 à 200	0.15	0.135	0.12	0.105	0.09	0.08
De 201 à 300	0.09	0.07	0.05	0.04	0.03	0.03
De 301 à 426	0.04	0.03	0.03	0.02	0.02	0.02

(Pour chaque kilomètre en sus)

Comme on le voit, ces barèmes s'abaissent notablement au-delà de 200 kilomètres. Cette brusque diminution se justifie par ce fait qu'il y a, sur la ligne d'Alger à Oran, dont chaque extrémité se trouve dans un grand port, peu de transports s'effectuant sur un parcours supérieur à 200 kilomètres mais elle ne saurait être admise pour des lignes sur lesquelles les transports de plus de 200 kilomètres sont fréquents, comme par exemple celles du réseau algérien de l'Etat et celles de l'Est-algérien.

Un abaissement brusque analogue se constate dans les barèmes de tarifs spéciaux.

Il n'était donc pas possible d'admettre l'extension, sans modification, des tarifs de la ligne d'Alger à Oran aux autres compagnies. De plus, les tarifs spéciaux relatifs à l'alfa et aux dattes, marchandises assez rares sur la ligne d'Alger à Oran, sont réduits dans des proportions telles qu'ils ne pourraient être étendus aux réseaux sur lesquels ces produits sont transportés en grande quantité, l'Ouest-Algérien, l'Etat et l'Est-Algérien par exemple, sans provoquer des pertes de recettes considérables.

La question du relèvement qu'il convenait de faire subir aux barèmes de la ligne Alger-Oran au-delà de 200 kilomètres s'est posée lorsque l'administration du réseau algérien de l'Etat et la compagnie de l'Ouest-Algérien ont, à la demande du ministère des travaux publics et du gouvernement général, étudié la réforme de leurs tarifs de petite vitesse. Elle a été résolue par l'adoption des prix suivants au-delà de 200 kilomètres :

1re Série	2e Série	3e Série	4e Série	5e Série	6e Série
0.14	0.12	0.10	0.09	0.08	0.07

C'est le tarif général ainsi modifié et ce sont les tarifs spéciaux de la ligne Alger à Oran modifiés dans des conditions analogues, réserve faite de ceux concernant les dattes et l'alfa, que le gouvernement général a le projet de faire adopter par toutes les compagnies comme tarifs communs.

Actuellement, la compagnie P. L. M. a, comme on l'a dit, sur la ligne de Philippeville à Constantine, des barêmes différents de ceux de la ligne d'Alger à Oran. Elle a toutefois proposé de réaliser l'unification des tarifs entre ces deux parties de son réseau. Ses propositions sont soumises à l'examen du comité consultatif des chemins de fer.

La compagnie de l'Ouest-Algérien et l'administration des chemins de fer algériens de l'Etat ont déjà adopté la classification des marchandises, les conditions d'application et les barêmes du tarif général de la ligne d'Alger à Oran, modifiés au-delà de 200 kilomètres. Le réseau de l'Etat a, en outre, appliqué les tarifs spéciaux également modifiés au-delà de 200 kilomètres des céréales, des vins et des fourrages de la compagnie P.L.M. (ligne d'Alger à Oran).

Il ne reste donc plus, pour réaliser à l'ouest d'Alger le programme complet de l'unification des tarifs de la petite vitesse, qu'à appliquer sur le réseau de l'Ouest-Algérien et sur celui de l'Etat les tarifs spéciaux de la ligne d'Alger à Oran, qui n'y sont pas encore en vigueur, abstraction faite de ceux de l'alfa et des dattes ; puis à rendre communs le tarif général et les tarifs spéciaux unifiés.

Le service du contrôle estime la perte de recettes

pouvant résulter de ces améliorations à 549,000 francs, savoir :

extension des tarifs spéciaux de petite vitesse sur les chemins de fer algériens de l'Etat . . . . 260,000 fr.

extension des tarifs spéciaux de petite vitesse sur le réseau de l'Ouest-Algérien.   99,000 »

communauté du tarif général et des tarifs spéciaux de petite vitesse sur toutes les lignes à l'Ouest d'Alger. . . . .   190,000 »

Total . . . . . .   549,000 fr.

Les compagnies de l'Est-Algérien et de Bône à Guelma n'ont pas encore entrepris la réforme rationnelle de leurs tarifs de petite vitesse. Pour réaliser à l'Est d'Alger le programme de l'unification il faut donc que l'une et l'autre adoptent progressivement toutes les parties de ce programme qui ont été énumérées ci-dessus.

Le service du contrôle évalue la diminution de recettes à prévoir pour l'ensemble des améliorations à réaliser à l'est d'Alger à 1.684.000 francs savoir :

extension à la ligne de Philippeville à Constantine des barèmes de la ligne Alger-Oran . . . .   210.000 fr.

unification sur le réseau de la compagnie de l'Est-Algérien. . . . .   1.074.000 »

unification sur le réseau de la compagnie Bône-Guelma . . . .   340.000 »

communauté du tarif général et des tarifs spéciaux de petite vitesse sur les lignes à l'est d'Alger. . . . .   50.000 »

Total . . . . . .   1.684.000 fr.

En tout, la réforme des tarifs de petite vitesse comporte donc un aléa de 2.250.000 francs au maximum que l'état du budget algérien et celui de la balance entre les recettes et les dépenses relatives aux chemins de fer permettent d'envisager sans inquiétude.

Des propositions ont été, en conséquence, demandées

aux compagnies en vue de l'exécution progressive de l'unification et de la communauté des tarifs de la petite vitesse. On trouvera ci-après le texte des lettres du gouverneur général et celui des réponses des compagnies.

LETTRE DE M. LE GOUVERNEUR GÉNÉRAL
À M. LE PRÉSIDENT DU CONSEIL D'ADMINISTRATION
DE LA COMPAGNIE P. L. M. À PARIS.

Alger, le 7 février 1905.

Monsieur le Président,

J'espère pouvoir être prochainement en mesure de statuer sur les tarifs que vous avez proposés, le 23 juillet 1903 pour la ligne de Philippeville à Constantine ; la réforme des tarifs de votre réseau algérien que vous avez entreprise en 1899 se trouvera ainsi heureusement accomplie. Il ne semble pas d'ailleurs que cette réforme ait eu sur les recettes acquises les conséquences fâcheuses que l'on aurait pu redouter puisque la recette annuelle moyenne des cinq années qui l'ont suivie, (1900-1904) dépasse de 1.250.000 francs la recette moyenne des cinq années (1894-1898) qui l'ont précédée (9.950.000 francs contre 7.700.000 francs). Ces résultats me font espérer que l'application sur la ligne de Philippeville des tarifs plus réduits de la ligne d'Alger à Oran ne déterminera pas une perte de recettes aussi considérable que pourrait le faire craindre des évaluations faites en mettant, comme la plus simple prudence l'exigeait, les choses au pire. Mais cette œuvre de réforme ne serait pas complète si, lorsque vos tarifs intérieurs auront été adoptés par les réseaux de l'Ouest et de l'État, ces mêmes tarifs ne devenaient pas communs à ces deux réseaux et à votre ligne d'Alger à Oran. Pour remédier aux inconvénients de la multiplicité et de l'enchevêtrement des réseaux, il est indispensable que, dans un délai qui ne soit pas trop éloigné, à l'ouest et plus tard à l'est d'Alger, les choses se passent à l'égard du public comme s'il n'y avait qu'une seule compagnie.

Pour réaliser cette amélioration qui sera comme le couronnement de votre réforme de tarifs, je fais appel à votre concours en vous demandant de vouloir bien vous concerter avec l'administration des chemins de fer de l'Etat et la direction de l'Ouest-Algérien afin d'adopter comme tarifs communs les barèmes en vigueur sur votre ligne d'Alger à Oran modifiés au-delà de 200 kilomètres, conformément à la décision ministérielle du 30 décembre 1902. A ce propos, il ne serait pas sans intérêt de rechercher s'il n'y aurait pas lieu d'adopter, pour la ligne d'Alger à Oran les barèmes modifiés, sauf à corriger par des prix exceptionnels applicables aux transports qui bénéficient des prix actuels, les relèvements que cette mesure pourrait produire.

Il est bien entendu d'ailleurs que l'alfa et les dattes seront provisoirement exclus de la réforme et que les tarifs communs applicables à ces marchandises feront l'objet d'une étude spéciale.

Veuillez agréer, Monsieur le Président, l'assurance de ma considération très distinguée.

Le Gouverneur général,
JONNART.

RÉPONSE DE LA COMPAGNIE DES CHEMINS DE FER DE PARIS A LYON ET A LA MÉDITERRANÉE A M. LE GOUVERNEUR GÉNÉRAL.

Paris, le 27 février 1905.

Monsieur le Gouverneur général,

Par votre dépêche du 7 de ce mois, vous avez bien voulu nous demander de nous concerter avec les autres réseaux algériens pour étendre à l'ensemble de ces réseaux la tarification (tarif général et tarifs spéciaux) actuellement en vigueur sur notre ligne d'Alger à Oran, amendée toutefois conformément à la décision ministérielle du 30 décembre 1902.

Nous sommes, en ce qui nous concerne, tout à votre

disposition pour chercher à réaliser cette unification, et nous avons l'honneur de vous remettre sous ce pli copie de la lettre que nous adressons, à cet effet, aux quatre autres administrations de chemins de fer.

Veuillez agréer, Monsieur le Gouverneur général, l'assurance de notre haute considération.

Le Président du Conseil d'administration,

DERVILLÉ.

Le Directeur de la Compagnie,

NOBLEMAIRE.

LETTRE DE LA COMPAGNIE DES CHEMINS DE FER DE PARIS A LYON ET A LA MÉDITERRANÉE, A MM. LES PRÉSIDENTS DU CONSEIL D'ADMINISTRATION DES CHEMINS DE FER DE L'OUEST-ALGÉRIEN, ET DE BONE-GUELMA, M. LE PRÉSIDENT DU COMITÉ DE DIRECTION DES CHEMINS DE FER DE L'EST-ALGÉRIEN, M. L'ADMINISTRATEUR DES CHEMINS DE FER ALGÉRIENS DE L'ÉTAT.

Paris, le 27 février 1903

Monsieur le Président,

Le Gouverneur général de l'Algérie, par sa dépêche du 7 de ce mois, nous a demandé de nous concerter avec votre compagnie pour établir entre les divers réseaux algériens un ensemble de tarifs communs, sur la base des barèmes de notre ligne d'Alger à Oran, modifiés toutefois pour les parcours au-delà de 200 kilomètres conformément à la décision ministérielle du 30 décembre 1902.

Ces barèmes, ainsi amendés, seraient jalonnés par les prix suivants :

DISTANCE	1re Série	2e Série	3e Série	4e Série	5e Série	6e Série	A	B	C	D	E	F
	fr.	fr.	fr.	fr.	fr.	fr.	fr.	fr.	fr.	fr.	fr.	fr.
100 kilomètres	16	14 50	13	11 50	10	9	9	8	7	6	5	4 50
200 —	31	28	25	22	19	17	15	13	11	9	8	7
300 —	45	40	35	31	27	24	21	18	15	12	10 50	9
400 —	59	52	45	40	35	31	27	23	19	15	13	11
500 —	73	64	55	49	43	38	33	28	23	18	15 50	13
600 —	87	76	65	58	51	45	39	33	27	21	18	15
700 —	101	88	75	67	59	52	45	38	31	24	20 50	17
etc.												

J'ai l'honneur de vous proposer :

1° d'adopter ces 12 barêmes pour un ensemble de tarifs communs ; les prix en seraient applicables sur la distance totale quel que soit le nombre des réseaux empruntés et répartis au prorata kilométrique, après prélèvement des frais accessoires afférents à chaque réseau ;

2° de prendre pour la numérotation des tarifs et la répartition des marchandises entre ceux-ci, les règles adoptées dans les tarifs spéciaux en vigueur sur notre réseau algérien, règles qui ne diffèrent en rien de celles auxquelles toutes les grandes compagnies françaises ont adhéré d'un commun accord ;

3° de dénommer dans chacun des futurs tarifs spéciaux communs 101, 102, etc... les marchandises qui sont dénommées dans les tarifs spéciaux correspondants nᵒˢ 1, 2, etc...., du réseau P.-L.-M. algérien et de leur appliquer en trafic commun, avec les mêmes conditions de tonnage, les barêmes qui figurent dans ces derniers.

4° enfin de convenir que tout tarif spécial intérieur d'une compagnie à barêmes ou prix fermes, sera étendu de droit, sous forme de tarif commun avec les mêmes barêmes, ou avec des prix fermes analogues, à celles des compagnies en contact avec la première qui en feraient la demande.

Veuillez agréer, Monsieur le Président, l'assurance de ma considération la plus distinguée.

Le Directeur de la Compagnie,
NOBLEMAIRE.

LETTRE DE M. LE GOUVERNEUR GÉNÉRAL, A M. LE PRÉSIDENT DU CONSEIL D'ADMINISTRATION DE L'OUEST-ALGÉRIEN, PARIS

Alger, le 7 février 1905.

Monsieur le Président,

Par votre lettre du 19 janvier courant vous avez fait savoir à M. le conseiller d'Etat Colson « que vous étiez « tout disposé à adopter des tarifs communs uniformes « entre les chemins de fer de l'Etat, la compagnie P.L.M. « et la compagnie de l'Ouest-Algérien ».

Déjà, vous avez mis en application, sur votre réseau, à partir du 15 septembre 1903, un tarif général de petite vitesse réduit, identique à celui des réseaux de l'Etat et de la compagnie P.-L.-M. A cette occasion, certains prix des tarifs spéciaux P.-V. ont été abaissés: Malgré ces réductions de tarifs, les recettes de la compagnie de l'Ouest-Algérien, qui avaient été de 3,963,000 francs en 1903 se sont élevées en 1904 à 4.330,000 fr. (chiffres provisoires) soit une plus-value de 367,000 francs. La situation financière de votre compagnie permet donc de continuer l'œuvre de réforme, qui, grâce au concours que vous voulez bien me prêter, sera prochainement accomplie à l'ouest d'Alger.

Cette réforme comporte, en ce qui vous concerne, deux opérations distinctes :

1° Adoption de tarifs spéciaux P.-V. intérieurs identiques à ceux de la compagnie P.-L.-M. ;

2° Négociations avec la compagnie P.-L.-M. et l'administration des chemins de fer algériens de l'Etat en vue de rendre les tarifs généraux et spéciaux de petite vitesse communs aux trois réseaux.

L'adoption des tarifs spéciaux de petite vitesse de la compagnie P.-L.-M. comme tarifs intérieurs dépend uniquement de vous. Je vous serai obligé, en conséquence, de m'adresser vos propositions dans le plus bref délai.

Vous voudrez bien, dans l'étude que vous aurez à

me soumettre, tenir compte des augmentations de taxes qui pourraient être la conséquence de l'adoption des barêmes de la compagnie P.-L.-M. pour certaines marchandises, vous examinerez s'il n'y a pas lieu de maintenir des prix exceptionnels pour ces marchandises. Il doit être d'ailleurs bien entendu que les tarifs de l'alfa et des dattes seront laissés, au moins provisoirement, en dehors de la réforme et feront l'objet d'une étude spéciale. Quant à la question de la communauté des tarifs de petite vitesse avec les réseaux voisins, je serais heureux que vous fussiez prochainement en mesure de me faire des propositions en vue de la résoudre.

Veuillez agréer, Monsieur le Président, l'assurance de ma considération très distinguée.

Le Gouverneur général,
JONNART.

RÉPONSE DE LA COMPAGNIE OUEST-ALGÉRIEN A M. LE GOUVERNEUR GÉNÉRAL DE L'ALGÉRIE

Paris, le 17 février 1905.

Monsieur le Gouverneur général,

Nous avons l'honneur de vous accuser réception de votre lettre n° 1.230, en date du 7 courant.

Nous donnons, d'urgence, des instructions pour l'étude immédiate de l'unification de nos tarifs spéciaux avec ceux du P.-L.-M. ; nous vous soumettrons les observations que cette étude pourrait nous suggérer, en ce qui concerne l'opportunité de la modification de certains tarifs, car si l'on adoptait simplement les tarifs P.-L.M. dans toute leur intégralité, les prix de transport pour certaines marchandises se trouveraient plus élevés qu'ils ne le sont actuellement sur notre réseau, il y aurait donc lieu, peut-être, d'établir quelques prix exceptionnels sur l'Ouest-Algérien.

Nous partageons absolument votre sentiment que,

sauf le cas de relèvement de ses tarifs de l'alfa et des dattes par le P.-L.-M., il conviendrait de les laisser en dehors de nos modifications.

Quant à la question de communauté de tarifs, elle sera l'objet de conférences avec les réseaux voisins, et nous aurons l'honneur de vous faire connaître, aussitôt que possible, les conclusions auxquelles auront abouti ces conférences.

Veuillez agréer, Monsieur le Gouverneur général, l'assurance de notre haute considération.

Le Président de la Compagnie,

PEYTEL.

LETTRE DE M. LE GOUVERNEUR GÉNÉRAL DE L'ALGÉRIE, A M. L'ADMINISTRATEUR DU RÉSEAU ALGÉRIEN DE L'ÉTAT, PARIS.

Alger, le 7 février 1905.

Monsieur l'Administrateur,

A la date du 10 août 1903 vous avez appliqué sur le réseau algérien de l'Etat un tarif général identique — jusqu'à 200 kilomètres — au tarif de la ligne d'Alger à Oran. Déjà, le 17 janvier de la même année vous aviez mis en vigueur, pour le transport des céréales, des vins, des pailles et fourrages, les mêmes tarifs spéciaux que la Compagnie P.-L.-M. en corrigeant, toutefois, conformément aux indications de la décision ministérielle du 30 décembre 1902 la chute brusque des barèmes de la ligne d'Alger à Oran pour les distances supérieures à 200 kilomètres.

Toutes compensations faites avec les augmentations de recettes dues tant à l'accroissement de votre réseau qu'à des causes accidentelles, ces réductions de tarifs laissent encore apparaître un excédent de recettes en 1904 sur 1903. La situation financière me permet donc de continuer l'œuvre de réforme qui, grâce à votre concours, sera prochainement accomplie à l'ouest d'Alger.

Cette réforme comporte, en ce qui concerne le réseau de l'Etat, deux opérations distinctes :

1° Adoption de tarifs spéciaux P. V. intérieurs identiques à ceux de la Compagnie P.-L.-M. jusqu'à 200 kilomètres conformément à la décision ministérielle du 30 décembre 1902.

2° Négociations avec les compagnies P.-L.-M. et de l'Ouest-Algérien en vue de rendre les tarifs généraux et spéciaux de petite vitesse communs aux trois réseaux.

L'adoption comme tarifs intérieurs des tarifs spéciaux de la compagnie P.-L.-M. (modifiés) dépend uniquement de vous. Je vous serai obligé, en conséquence, de m'adresser vos propositions dans le plus bref délai. Il doit être bien entendu d'ailleurs que le tarif spécial des dattes sera laissé, au moins provisoirement, en dehors de la réforme et fera l'objet d'une étude spéciale et que pour les alfas on poursuivra simplement l'étude des modifications qu'à la date du 20 septembre 1901 vous avez proposé d'apporter au tarif spécial P. V. n° 19.

Quant à la question de la communauté des tarifs de petite vitesse avec les réseaux voisins, je serais heureux que vous fussiez prochainement en état de me faire des propositions en vue de la résoudre.

Veuillez agréer, Monsieur l'Administrateur, l'assurance de ma considération très distinguée.

Le Gouverneur général,

JONNART.

RÉPONSE DE L'ADMINISTRATION DES CHEMINS DE FER ALGÉRIENS DE L'ETAT

Aïn-Sefra, le 5 mars 1903.

Télégramme

En réponse à votre dépêche du 7 février dernier, j'ai l'honneur de vous rappeler que nous avions présenté en mars 1901 des propositions en vue de l'application sur notre réseau des tarifs de la compagnie P.L.M. Ces propositions ont été en grande partie ajournées par l'administration supérieure. Nous sommes tout disposés à les reprendre et à les compléter par l'adoption de tarifs communs conformément à votre désir et à vos observations.

BEAUGEY.

LETTRE DE M. LE GOUVERNEUR GÉNÉRAL A M. LE PRÉSIDENT DU CONSEIL D'ADMINISTRATION DE LA COMPAGNIE BÔNE-GUELMA.

Alger, le 7 février 1905.

Monsieur le Président,

La loi du 23 juillet 1904, qui a déterminé à nouveau la participation de l'État et de l'Algérie dans la charge annuelle des chemins de fer d'intérêt général de la colonie, a remis à mon administration le soin de poursuivre l'exécution des réformes que comporte le régime actuel de l'exploitation des voies ferrées.

Comme vous le savez, ce que les corps élus et les populations de l'Algérie réclament avec le plus d'insistance, ce qui les intéresse au plus haut degré, ce n'est pas la disparition, par voie de rachat ou de fusion, de telle ou telle compagnie, c'est que, sauf dans les cas exceptionnels où des prix spéciaux sont justifiés, les mêmes règles, les mêmes tarifs soient appliqués aux mêmes transports à l'est comme à l'ouest ; c'est enfin que l'outillage des lignes soit toujours tenu à la hauteur des besoins à satisfaire. Il n'a pas dépendu de moi que la constitution d'une sorte de syndicat des compagnies assurât à tout le réseau algérien le bienfait d'une exploitation unifiée, une meilleure utilisation du matériel existant et une sensible économie sur les frais généraux. Mais, en attendant que les négociations commencées à ce sujet puissent être reprises, il serait sans doute possible de faire que les choses se passent à l'égard du public comme s'il n'y avait qu'une seule compagnie.

On remédierait ainsi aux inconvénients de la multiplicité et de l'enchevêtrement des réseaux.

Pour réaliser cette réforme, il y aurait lieu, tout d'abord, d'adopter, tant pour les conditions d'application des tarifs que pour la classification des marchandises, les conditions et la classification qui sont déjà communes aux lignes des compagnies P.-L.-M. et de l'Ouest-Algérien et au réseau algérien de l'État. Ce serait là comme une première étape dont la répercussion financière sera peu importante et qui devrait être suivie, à brève échéance, de l'adoption du tarif général de la compagnie P.-L.-M. relevé au-delà de 200 kilomètres.

La substitution d'un tarif général P. V. réduit au tarif général actuellement appliqué sur votre réseau ne peut pas avoir pour effet de diminuer, dans des proportions exagérées, les recettes acquises. D'ailleurs, il sera toujours possible de n'entreprendre les différentes étapes de la réforme que lorsque l'accroissement du tarif aura compensé la perte de recettes produite par les premières réductions de tarifs.

Lorsque l'unification des tarifs généraux de P. V. sera un fait accompli, il conviendra de se préoccuper de l'unification des tarifs spéciaux ; puis, enfin, de rendre communs les tarifs généraux et spéciaux de chaque compagnie.

Nous réserverions, pour être réalisée en dernier lieu, la réforme et l'unification des tarifs de grande vitesse. Il doit être bien entendu d'ailleurs que l'alfa et les dattes seront provisoirement exclus de la réforme et que les tarifs de ces marchandises feront l'objet d'une étude ultérieure.

Tel est, dans ses grandes lignes, le programme des améliorations que je désirerais réaliser d'accord avec votre compagnie.

Répondant, lors de la dernière assemblée générale de vos actionnaires, aux « reproches immérités », d'après vous, qui auraient été adressés à la compagnie Bône-Guelma, vous avez affirmé que vous n'aviez jamais hésité à provoquer les abaissements de tarifs jugés nécessaires au développement du trafic. Vous avez déclaré

que votre compagnie était prête « à apporter à la fu-
» ture organisation des chemins de fer algériens le
» concours dévoué qui lui a permis, depuis 30 ans, de
» rendre de si grands services à la colonie. » C'est à
ce concours que je fais appel en vous demandant de
collaborer à l'œuvre de réforme que j'ai entreprise.

Il ne vous échappera pas qu'il vous appartient de démontrer, en procédant à l'avenir comme vous l'avez
fait par le passé, qu'il n'y a pas incompatibilité entre
le régime établi par les actes législatifs qui ont constitué la compagnie Bône-Guelma et le développement
économique des régions desservies par cette compagnie.

Je vous serai obligé de me faire connaître, dans un
délai aussi court que possible, si je puis compter sur
votre collaboration pour l'exécution du programme exposé ci-dessus, et, le cas échéant, de me fournir un
état des conséquences financières que pourrait avoir,
d'après vos évaluations, l'exécution du dit programme.

Veuillez agréer, Monsieur le Président, l'assurance
de ma considération très distinguée.

Le Gouverneur général,

JONNART.

RÉPONSE DE LA COMPAGNIE BÔNE-GUELMA A M. LE GOUVERNEUR GÉNÉRAL DE L'ALGÉRIE

Paris, 18 février 1903.

Monsieur le Gouverneur général,

J'ai l'honneur de vous accuser réception de la dépê-
en date du 7 courant par laquelle vous voulez bien
nous faire connaître, dans ses grandes lignes, le programme des améliorations que vous désirez réaliser
dans l'exploitation des lignes algériennes.

Ainsi que nous l'avons déclaré devant nos actionnaires le 25 juin dernier, nous sommes prêts à apporter le

— 18 —

concours le plus dévoué à la future organisation du réseau algérien.

Nous sommes donc heureux de recevoir l'invitation que vous voulez bien nous adresser, et de vous assurer que vous pouvez compter sur la collaboration empressée du Bône-Guelma dans l'œuvre de réforme que vous avez entreprise.

Nous mettons immédiatement à l'étude la question des conséquences financières que pourrait avoir pour notre compagnie l'exécution du programme que vous nous tracez, et nous aurons l'honneur de vous soumettre, aussitôt que possible, les résultats de cet examen.

Je vous prie, Monsieur le Gouverneur général, de vouloir bien agréer l'expression de ma considération la plus respectueuse.

Le Président du Conseil d'administration,

DE TRAZ.

LETTRE DE M. LE GOUVERNEUR GÉNÉRAL A M. LE PRÉSIDENT DU CONSEIL D'ADMINISTRATION DE L'EST-ALGÉRIEN, ALGER

Alger, le 9 février 1903.

Monsieur le Président,

La loi du 23 juillet 1901, qui a déterminé à nouveau la participation de l'État et de l'Algérie dans la charge annuelle des chemins de fer d'intérêt général de la colonie, a remis à mon administration le soin de poursuivre l'exécution des réformes que comporte le régime actuel de l'exploitation des voies ferrées.

Comme vous le savez, ce que les corps élus et les populations de l'Algérie réclament avec le plus d'insistance, ce qui les intéresse au plus haut degré, ce n'est pas la disparition par voie de rachat ou de fusion de telle ou telle compagnie, c'est que, sauf dans les cas exceptionnels où des prix spéciaux sont justifiés, les mêmes règles, les mêmes tarifs soient appliqués aux mêmes transports à l'est comme à l'ouest d'Alger ; c'est enfin que l'outillage des lignes soit toujours à la hauteur des besoins à satisfaire. Il n'a pas dépendu de moi que la constitution d'une sorte de syndicat des compagnies assurât à tout le réseau algérien le bienfait d'une exploitation unifiée, une meilleure utilisation du matériel existant et une sensible économie sur les frais généraux. Mais, en attendant que les négociations commencées à ce sujet puissent être reprises, il serait sans doute possible de faire que les choses se passent à l'égard du public comme s'il n'y avait qu'une seule compagnie : on remédierait ainsi aux inconvénients de la multiplicité et de l'enchevêtrement des réseaux.

Pour réaliser cette réforme, il y aurait lieu tout d'abord d'adopter, tant pour les conditions d'application des tarifs que pour la classification des marchandises, les conditions et la classification qui sont déjà communes aux lignes des compagnies P.-L.-M. et de l'Ouest-Algérien et au réseau algérien de l'État. Ce serait là comme une première étape dont la répercussion financière sera peu importante et qui devrait être suivie, à brève échéance, de l'adoption du tarif général de la compagnie P.-L.-M. relevé au delà de 200 kilomètres.

La substitution d'un tarif général de P. V. réduit au tarif général actuellement appliqué sur votre réseau ne peut pas avoir pour effet de diminuer, dans des proportions exagérées, les recettes acquises. D'ailleurs, il sera toujours possible de n'entreprendre les différentes étapes de la réforme que lorsque l'accroissement du trafic aura compensé la perte de recette produite par les premières réductions de tarifs.

Lorsque l'unification des tarifs généraux de P. V. sera un fait accompli, il conviendra de se préoccuper de l'unification des tarifs spéciaux ; puis, enfin, de rendre communs les tarifs généraux et spéciaux de chaque compagnie.

Nous réserverions, pour être réalisées en dernier lieu, la réforme et l'unification des tarifs de grande vitesse. Il doit être bien entendu, d'ailleurs, que l'alfa et les dattes seront provisoirement exclus de la réforme et que les tarifs de ces marchandises feront l'objet d'une étude ultérieure.

Tel est, dans ses grandes lignes, le programme des améliorations que je désirerais réaliser d'accord avec votre compagnie.

Répondant, lors de la dernière assemblée générale de vos actionnaires aux appréciations que vous estimez parfois désobligeantes « sinon pour les compagnies algériennes de chemins de fer, du moins pour les conventions qui servent de charte à ces compagnies », vous avez fait remarquer que, soit de votre propre initiative, soit sur les indications du service du contrôle, mais toujours d'accord avec lui, vous n'aviez pas cessé, même après la réception de vos lignes, de procéder aux travaux complémentaires reconnus utiles ainsi qu'à l'extension du matériel roulant. Au point de vue de l'exploitation, le nombre de vos trains a été augmenté et leurs horaires très sensiblement améliorés ; vous avez proposé et fait homologuer, depuis 1891, des tarifs spéciaux en grand nombre, créé des barèmes décroissants et réalisé des abaissements variant de 11 à 71 %, en sorte que si l'on applique au trafic actuel les taxes qui étaient en vigueur en 1891, on constate, dites-vous, que le commerce et l'agriculture algériens paient, tous les ans, près de 1,200,000 francs de moins qu'en 1891 pour leurs transports sur une recette qui s'élevait, à cette époque, pour les seules marchandises considérées, à 4,511,000 francs, soit une économie de plus du quart. Vous auriez pu ajouter que toutes ces réformes n'ont pas nui aux recettes puisque, grâce à l'accroissement du trafic qu'elles ont provoqué, ces recettes ont passé de 6,829,000 francs en 1901 à 9,100,000 francs en 1904.

Vous vous êtes ainsi efforcé d'établir que si les conventions peuvent être critiquées, les hommes chargés des destinées de la compagnie de l'Est-Algérien ont le sentiment de leurs devoirs envers l'Algérie. C'est à ce sentiment que je fais appel en vous demandant de collaborer à l'œuvre de réforme que j'ai entreprise. Il ne vous échappera pas qu'il vous appartient de démon-

trer qu'il n'y a pas incompatibilité entre le régime
établi par les actes législatifs qui ont constitué la compagnie de l'Est-Algérien et le développement économique des régions desservies par cette compagnie.

Je vous serai obligé de me faire connaître dans un
délai aussi court que possible si je puis compter sur
votre collaboration pour l'exécution du programme
exposé ci dessus, et, le cas échéant, de me fournir une
étude des conséquences financières que pourrait avoir,
d'après vos évaluations, l'exécution du dit programme.

Veuillez agréer, Monsieur le Président, l'assurance
de ma considération très distinguée.

Le Gouverneur général,
JONNART.

RÉPONSE DE LA COMPAGNIE DE L'EST-ALGÉRIEN A
M. LE GOUVERNEUR GÉNÉRAL.

Paris, le **23 février 1905**.

Monsieur le Gouverneur général,

Nous avons l'honneur de répondre à votre dépêche
du 9 courant et nous devons tout d'abord vous remer-
cier d'avoir bien voulu vous rendre compte de la véritable pensée des hommes qui ont la difficile mission
d'administrer l'Est-Algérien et d'assurer l'exécution non
seulement correcte, mais loyale et largement com-
prise, des conventions conclues entre cette compagnie
et l'État. A diverses reprises, des observateurs plus
superficiels nous avaient traités avec moins de justice.
Nous en avons été attristés mais non découragés.

Notre compagnie est toujours animée du profond
désir de concourir dans la mesure de ses moyens au
développement économique de la colonie. Mais il ne
peut échapper à votre clairvoyance, surtout après
l'échange de vues qui vient d'avoir lieu entre votre
représentant et nous, que les ressources limitées dont

nous pouvions disposer pour donner satisfaction aux besoins et aux vœux de l'Algérie se trouvent d'autant plus réduites que, depuis douze ans, nous en avons fait un plus libéral emploi.

Permettez-nous à ce propos d'exprimer un regret ; jamais dans aucun rapport administratif, dans aucun document officiel, dans aucun exposé parlementaire, le mécanisme délicat de nos conventions, mécanisme assez compliqué d'ailleurs, n'a été élucidé, de telle sorte qu'il n'est ni compris, ni même soupçonné, et que nous apparaissons à tort, tantôt sous le même jour que les compagnies métropolitaines, maîtresses de la recette comme de la dépense, tantôt au contraire des exploitants totalement désintéressés des résultats comme du trafic.

Nous devons rappeler ici, non pour votre administration, monsieur le Gouverneur général, mais pour les corps délibérants et pour le public à qui notre réponse sera peut-être communiquée :

1° qu'aux termes des conventions, les recettes de notre trafic appartiennent à l'État ;

2° que nous sommes chargés de l'exploitation moyennant une somme forfaitaire ;

3° que ce forfait n'est pas invariable mais qu'il augmente avec la recette suivant une échelle proportionnelle quoiqu'elle-même légèrement décroissante ;

4° que ce forfait d'exploitation, ainsi que l'échelle variable qui a pour but de le corriger, *ont été calculés l'un et l'autre sur la base des tarifs de grande et de petite vitesse insérés dans les conventions* ; d'où il résulte que tout abaissement de tarif, en admettant même qu'il puisse amener un développement de la recette, constitue une perte sèche pour la compagnie puisque la recette supplémentaire va à l'État, tandis que la diminution de l'écart entre le prix du transport et son prix de revient influe défavorablement sur le cœfficient d'exploitation, c'est-à-dire sur le point où la compagnie est directement intéressée.

Vous voulez bien nous faire remarquer dans votre dépêche du 9 courant que les abaissements de tarifs considérables que nous avons consentis sont peut-être la cause des plus-values de recettes qui se sont produites sur notre réseau ; vous en inférez que de nouveaux abaissements pourraient avoir un effet non moins favorable.

C'est une hypothèse qui échappe à toutes les discussions. Mais aussi bien pour les abaissements déjà consentis que pour ceux que l'avenir vous semble appeler, nous sommes obligés de vous faire remarquer que l'argument, en admettant même qu'il soit juste en soi, ne l'est pas en ce qui nous concerne, tant que nous serons placés sous le régime des barèmes actuellement en vigueur. Pour ne parler que du passé, en abaissant nos tarifs de petite vitesse de plus de 25 %, nous avons renoncé bénévolement, non pas à un supplément de recettes d'environ 1,500.000 francs mais au relèvement de nos barèmes d'exploitation, lesquels se seraient accrus en raison de ce supplément.

Et cela a été d'autant plus intempestif que cette diminution des ressources qui nous sont propres a coïncidé avec une augmentation de la dépense résultant à la fois des sacrifices que nous avons faits en faveur de notre personnel et des commodités plus grandes accordées aux voyageurs et à la marchandise.

Néanmoins, nous n'avons pas hésité à entrer et à persévérer dans cette voie qui n'est pas sans danger, cédant en cela à des considérations morales d'un ordre supérieur auxquelles vous voulez bien rendre hommage. Mais vous devez comprendre que si dans l'avenir et indéfiniment, nous nous laissions entraîner sur la même pente, nous arriverions vite à transporter deux tonnes de marchandises pour le prix d'une seule, car déjà aujourd'hui nous en transportons quatre pour le prix de trois.

La conclusion du trop long exposé qui précède est toute indiquée : c'est qu'après les abaissements de tarifs déjà opérés, des remaniements nouveaux et plus étendus n'apparaissent comme possibles que moyennant une révision des conditions de notre exploitation (1).

____

(1) Nous pouvons citer à l'appui les chiffres suivants :

La première mesure proposée à titre immédiat, c'est-à-dire le changement de la classification des marchandises, se

C'est ce que d'ailleurs votre administration avait parfaitement compris lors des récents pourparlers et c'est à quoi obviait le nouveau mode d'exploitation dû à votre initiative.

Vous avez reconnu également qu'on ne saurait provoquer, soit par des abaissements de tarifs, soit par d'autres moyens d'exploitation intensive un développement considérable du trafic sans engager un capital supplémentaire, sans agrandir les gares, doubler les portions les plus chargées de la voie, augmenter la solidité de celle-ci par l'emploi de rails plus lourds accroître le nombre des machines, des voitures et des wagons. Bref, il y a lieu dans ce système de prévoir des travaux complémentaires pour une somme égale, peut-être même supérieure, à celles que nous avons dépensées depuis douze ans, et qui se sont élevées en moyenne à environ 200,000 francs par an. Vous aviez donc considéré avec juste raison que l'unification progressive des tarifs sur la base des plus faibles d'entre eux avait pour corollaire naturel l'ouverture d'un compte de travaux complémentaires doté en partie et au début par les compagnies, pour le surplus et éventuellement par la colonie elle-même. Malgré l'importance de la dotation qui nous était demandée, nous n'avons pas refusé d'entrer, sauf discussion, dans la voie que vous aviez ouverte, et nous restons prêts à vous suivre sur ce terrain. Nous ne voyons pas en effet quelles seraient les raisons de forme et de fond qui pourraient s'opposer à un remaniement immédiat de nos conventions, conformément à l'une des facultés alternatives qui vous sont conférées par la loi du 25 juillet 1904.

Cet avenant aux conventions existantes ne paraît pas devoir être d'une réalisation difficile ni laborieuse. La

---

trouve indissolument liée par la nature des choses à la question de l'abaissement des tarifs généraux petite vitesse qui en est la conséquence inéluctable. Donc cette première réforme à elle seule entraînerait une perte d'environ 400,000 fr. La seconde réforme, celle des tarifs spéciaux, occasionnerait une autre perte d'environ 700,000 francs ; la réforme des tarifs de grande vitesse rejetée à l'arrière plan ne représenterait guère qu'une perte de 50,000 francs.

question d'un syndicat d'exploitation à former éventuellement entre tout ou partie des compagnies algériennes ne saurait être un obstacle à la conclusion d'un avenant de cette nature. Au besoin, et en ce qui nous concerne, nous serions toujours prêts à adhérer à une combinaison syndicale si les pouvoirs publics en reconnaissaient l'opportunité et la légalité.

Bien que nous ayons développé déjà les deux principaux motif pour lesquels nous ne pouvons remanier les tarifs sans remanier les conventions dont ils font partie intégrante, nous avons une dernière raison à produire pour justifier cette nécessité.

Notre compagnie est devenue rachetable dès aujourd'hui et à toute époque. Ce rachat, s'il a lieu, doit s'opérer sur certaines bases que le remaniement des tarifs bouleverserait de fond en comble. En d'autres termes, l'annuité de rachat telle qu'elle doit être calculée aux termes des conventions et en tenant compte de la situation actuelle de la compagnie, se trouverait ainsi et d'un seul coup profondément modifiée. Aujourd'hui, l'État aurait à nous allouer une prime d'éviction par suite de l'application de l'article 37 du cahier des charges. Or, tout nouvel abaissement de tarifs aurait pour conséquence indirecte de faire disparaître la base sur laquelle reposent les conditions de rachat et de faire perdre à la compagnie tout le bénéfice de vingt-cinq années de travail et de scrupuleuse économie.

Votre administration, Monsieur le Gouverneur général, est trop éclairée en même temps que trop équitable pour exiger de nous un pareil abandon.

Un tel sacrifice, en admettant même que nous ayons la faiblesse d'y consentir, et qu'il fut ratifié par nos actionnaires, n'aurait même pas le mérite, si essentiel, de donner satisfaction aux populations que dessert notre réseau. Les colons de l'est de l'Algérie paraissent désirer une assimilation beaucoup plus rapide et plus complète, quant aux tarifs, avec l'ouest de la colonie, que celle qui résulterait d'abaissements échelonnés sur une période plus ou moins longue et dont le terme même demeure incertain. Nous ne nous dissimulons pas que nous serions vite débordés par le vœu des populations si nous nous bornions à amorcer une réforme qui est mûre dès à présent dans l'esprit des Algériens.

Aussi, bien loin de chercher, par une attitude aussi impolitique que contraire à nos véritables sentiments à limiter ou à ajourner cette réforme, nous avons l'honneur de vous déclarer que nous mettons dès à présent à votre disposition pour rédiger avec tel représentant que vous voudrez bien désigner, un projet qui, tout en étant de nature à pouvoir être adopté par nos actionnaires, aurait pour effet de donner satisfaction immédiate aux désirs des populations algériennes, tout en restreignant et en reportant à une date éloignée les charges que l'unification des tarifs pourrait imposer à l'Algérie sous forme de travaux complémentaires.

Nous sommes disposés, si tel est votre désir, à envoyer en Algérie un de nos administrateurs délégués, avec mission de débattre et d'arrêter les termes de ce projet.

Veuillez agréer, Monsieur le Gouverneur général, l'hommage de notre respectueux dévouement.

Le Président du Conseil d'administration,

DEHAYNIN.

Contraste insuffisant

NF Z 43-120-14

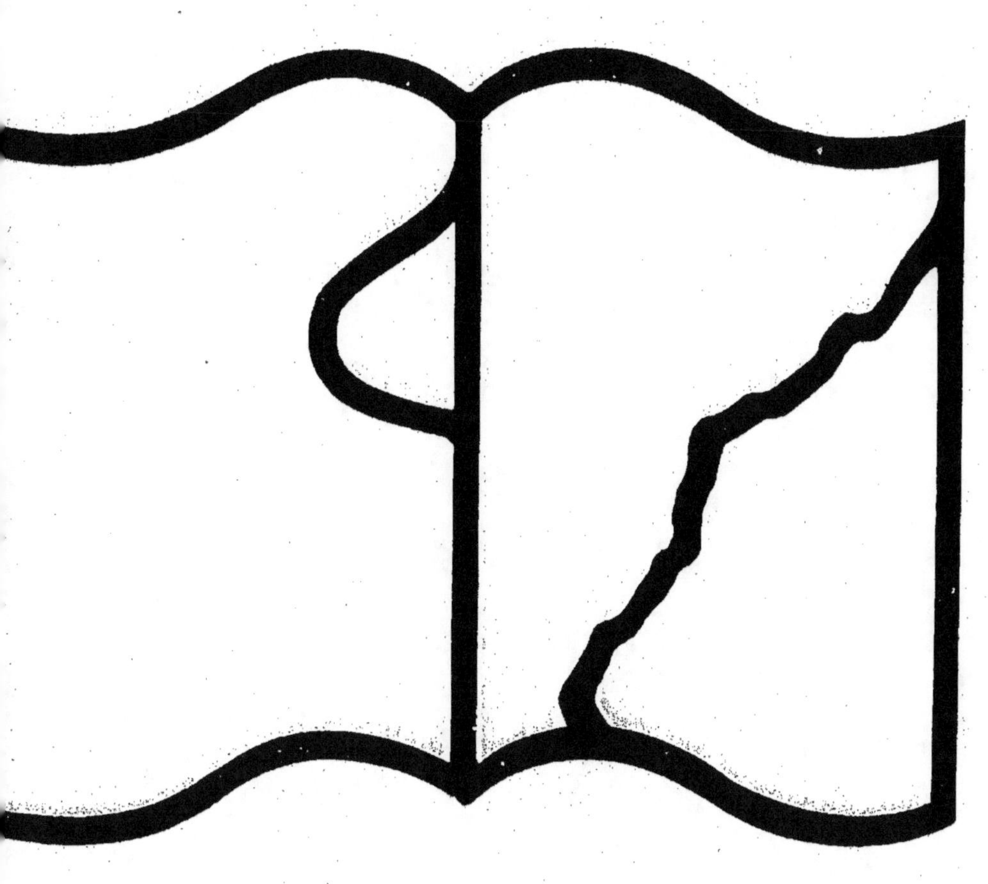

Texte détérioré — reliure défectueuse

NF Z 43-120-11